LA GPEC
Guide pratique et méthodologie simple à usage de tous les managers

Martine Guidoni

GPEC

ISBN: 978-2-9556121-2-5

GPEC

DÉDICACE

Un grand merci à tous, collègues et amis, pour votre collaboration et votre partage de notre passion pour les ressources humaines et le bien-être au travail.
Toute ma gratitude pour le professeur Simon L. Dolan avec lequel j'ai grandi dans cette voie.

GPEC

AUTRES OUVRAGES DE L'AUTEURE

« **Succès et valeurs** » de Simon L. Dolan et Martine Guidoni, sous titre : les valeurs pour un mieux-être personnel et professionnel. Edition l'Harmattan Paris 2012 .

« **Efficacité organisationnelle et performance sociale** » avec Simon L. Dolan, Adnane Belout et Martine Guidoni. Sous-titre : Les dix leviers du succès. Editions ISTE Londres mars 2017.

GPEC

TABLE DES MATIÈRES

INTRODUCTION

La connaissance du terrain et de nombreuses entreprises permet de constater que si les professionnels du management connaissent la théorie de la GPEC, beaucoup d'entre eux, ne savent pas comment la mettre en œuvre. Les entreprises rencontrent la plupart du temps une difficulté non pas sur la volonté de faire, mais sur le comment faire ? La théorie leur parait souvent opaque et cela explique souvent son abandon. En effet, elle existe depuis les années 60, elle a d'abord servi de modèle de prévision des effectifs, puis dans les années 70 de prévision de carrière, mais essentiellement pour les cadres.

Dans les années 90, elle était même appelée GPPEC, c'est-à-dire que le «P» supplémentaire portait déjà une notion de prévention en plus de prévision, elle commençait également à contenir des appréciations des effectifs ou des emplois donc de gestion collective et individuelle à travers le «C» de compétences. Elle était donc déjà un « Business Model » pour les grandes entreprises, notamment celles qui entraient en démarche qualité.

Le MEDEF[1] en France, en a fait une gestion anticipative des métiers, des compétences et des qualifications, le salarié devient acteur de son parcours professionnel. Elle prend également le nom de GESR, gestion des emplois socialement responsable. Enfin, peu importe le nom qu'on lui donne, la mise en œuvre de ces programmes fait donc partie des prérogatives normales des directions d'entreprises. Toutefois sa mise en œuvre présuppose un vrai changement dans les modes de management et l'existence d'outils qualitatifs. En 2016 en France, les entreprises disposent pour la plupart d'outils quantitatifs, mais toutes ne disposent pas d'outils qualitatifs ni de moyens ou de postes ou fonction dédiée à leur traitement. Pourtant c'est bien le « qualitatif » à la disposition des managers qui permettra de prendre en compte la motivation et la satisfaction des salariés tout en améliorant la qualité dans les domaines tels que le recrutement, la formation, la gestion des carrières et la mobilité. La GPEC doit la plupart du temps faire l'objet d'un accord d'entreprise, selon la taille de celle-ci et ne peut être mise en œuvre rapidement. Tous les managers en ressources humaines en ont une notion théorique, des auteurs Français ont d'ailleurs écrit des Guides récents qui tiennent compte de la législation à ce sujet.

Toutefois la démarche n'est pas encore intégrée par bon nombre d'entreprises privées ou publiques, car elle a souvent été perçue comme trop complexe à mettre en place. Pourtant aujourd'hui elle est plus que jamais d'actualité. Les managers doivent prévenir les mutations économiques et les risques psychosociaux notamment en mettant en place cette démarche. Ils sont souvent submergés par les nouvelles notions, et nouvelles obligations légales. Il est difficile d'anticiper face à une crise, mais manager c'est prévoir et face à l'incertitude, la prévision et la prévention sont essentielles.

GPEC

MÉTHODOLOGIE GÉNÉRALE

GPEC

Le cadrage général : La communication

Avant même la signature d'un accord, la participation et l'adhésion des managers seront nécessaires afin de s'assurer d'une bonne conduite du changement. Une large campagne de communication sera à mettre en œuvre. Conduire le changement en profondeur nécessitera des étapes. La signature de l'accord est un préalable au démarrage du processus, mais n'en est que la formalisation. Il faudra élaborer un système de management axé sur la compétence et la gestion personnalisée des agents. La communication et la participation permettent l'adhésion du plus grand nombre et sont nécessaires à tous les niveaux de management sans oublier les instances représentatives du personnel. Elles seront un préalable incontournable pour s'assurer de la réussite du processus. Il faudra compter environ 3 ans pour la mise en œuvre, mais la campagne de communication devrait commencer au plus vite. Le respect des étapes sera nécessaire pour s'assurer de l'appropriation de chacun. Le dialogue social sera essentiel.

Les acteurs

- L'ensemble du personnel se trouvera concerné par ce processus.
- La prise en compte de l'individu est centrale.
- Les managers sont particulièrement concernés, car cela va impacter leur management à travers l'implication dans les entretiens annuels, le recrutement et le plan de formation.
- Toute la GRH en liaison avec la direction générale est impactée par les incidences sur la classification des agents, les rémunérations, la mise en œuvre des plans de formations triennaux et la gestion des carrières. En fait, il ne s'agit pas seulement d'une procédure réservée à piloter les décisions, elle doit être une vraie stratégie de l'entreprise et non pas seulement dans l'opérationnel. Tout son sens est bien la prise en compte des besoins et attentes individuels.

Le concept de compétences

Il se décline :
- Au niveau organisationnel : Par la prise en compte

des compétences et des évaluations qualitatives.

- Au niveau collectif : Les compétences collectives sont repérées à l'aide de deux outils majeurs qui sont le référentiel métier qui comporte les fiches métiers et la cartographie des emplois qui définit les postes à pourvoir et à venir.

- Au niveau individuel : Fondée sur l'évaluation des compétences autour de 2 outils RH à savoir :

  - Le plan de développement individuel annuel matérialisé par l'entretien annuel d'évaluation des compétences et/ou l'entretien professionnel depuis la loi du 05 mars 2014.

  - Un plan de formation triennal prenant en compte des demandes individuelles et des éventuels déficits de compétence repérés lors des entretiens. Il doit favoriser l'augmentation de compétences individuelles et collectives et professionnaliser le plus grand nombre (convention collective).

Deux phases distinctes seront à mettre en œuvre :

- Phase prévisionnelle : avec pour but d'évaluer les compétences acquises, les compétences requises afin d'en tirer les compétences manquantes. Cette étape va permettre : De mieux prévoir ses besoins en main-d'œuvre compte tenu de la pyramide des âges de l'entreprise, des prévisions de mobilité fonctionnelle ou de promotion.

- Phase opérationnelle : centrée autour du recrutement, de l'évaluation, de la formation, de l'élévation du niveau de compétences individuelles et collectives.

On aboutit alors à une totale complémentarité des 2 étapes, la 1ère ayant permis d'évaluer les besoins, la 2ème de recruter, former, transférer pour compléter le manque de compétences.

Les outils

> Les outils doivent être à la fois quantitatifs et collectifs et qualitatifs et individuels.

Les outils d'évaluation sont souvent accessibles à tous les managers à partir de l'outil intranet. Un accompagnement en moyens et méthodes peut être assuré par la direction générale. Un pilotage stratégique et une mise en œuvre opérationnelle par la direction générale et la direction des ressources humaines seront nécessaires pour prendre en compte le processus à tous les niveaux de la hiérarchie. L'implication des managers devra être forte, car le contenu de leurs fonctions sera nettement impacté. Une formation spécifique à la GPEC et au plan de formation est nécessaire.

> Les processus clefs de la gestion des ressources humaines sont enrichis grâce à l'augmentation du niveau de compétences de l'entreprise. Tous les acteurs doivent être mobilisés, et une méthodologie rigoureuse adoptée.

La gestion prévisionnelle des emplois et des compétences est aussi préventive.

> L'impact sur la prévention des risques psychosociaux est considérable ainsi que sur la compétitivité et la productivité de l'entreprise. La plupart des managers ne font pas le lien. Une prise en compte des aspirations individuelles contribue largement à prévenir et à éviter en grande partie les risques liés au stress.

L'APPROCHE COLLECTIVE ET QUANTITATIVE

GPEC

La démarche quantitative est collective

Il s'agira d'analyser les effectifs et compétences actuels en vue de les adapter aux besoins et compétences futurs (en moins, en plus ou autrement).

Par exemple se demander :
*   « Comment faire pour arriver à cet objectif sous trois ou cinq ans ?
*   Combien et qui recruter ?
*   Combien et qui former ?
*   Combien et quels postes supprimer ?

▌ Les outils méthodologiques quantitatifs de la GPEC

Il s'agira de mettre en place un certain nombre de mesures sur des indicateurs tels que :
*   Évaluation des ressources humaines actuelles disponibles du point de vue quantitatif
*   Année N, informations qualitatives (compétence métiers et celles de chaque salarié)
*   Projection des effectifs à moyen et long terme par métier et emploi. Cela permettra de déterminer

l'évolution naturelle des effectifs futurs. (Voir les variables démission, Turn-over).

- Identification des facteurs d'évolution de l'environnement économique, technologique et juridique.

- Analyse de l'impact de ces facteurs et définitions des besoins futurs en compétence et énergie (quantitatif et qualitatif par emplois).

- Analyse des écarts entre ressources et besoins futurs. À partir des ressources initiales et des ressources projetées, on obtiendra les besoins d'évolution.

- Pour combler les écarts, on favorisera la mobilité d'un emploi vers un autre en proposant notamment des formations adaptées. Les actions correctives devront tenir compte des aspects qualitatifs des emplois à partir du référentiel métier.

- Diversité et égalité des chances et conditions de travail.

- Document unique d'analyse des risques professionnels.

- Embauche des travailleurs handicapés.

- Égalité professionnelle hommes femmes.

- Plan de groupe sur l'emploi des seniors.

- Plans de formation personnalisés séniors pour la poursuite de l'activité professionnelle.

- Amélioration des conditions de travail et prévention de pénibilité.
- Élaborer un guide retraite.
- Proposer un entretien personnalisé à la retraite sur demande de l'intéressé.
- Bénéficier d'une analyse individuelle de la situation des salariés âgés de 50 Ans.
- Développer le tutorat.

Les tableaux de bord en ressources humaines

Leur mission est d'informer, mesurer, et analyser. Leur objectif est d'attirer l'attention sur ce qui fonctionne ou non. Bien entendu les tableaux de bord existants déjà (dans le bilan social de l'entreprise) sont les supports quantitatifs auxquels il faudra rajouter d'autres indicateurs de performance sociale et notamment des indicateurs qualitatifs. Par exemple aux taux « d'accident du travail » on rajoutera également l'analyse des causes pour y apporter des mesures correctives. Ceux qui nous intéressent particulièrement ne sont pas les tableaux mensuels, car ils concernent principalement l'opérationnel comme la paye par exemple. Le système de gestion comptable ne permet en effet qu'une vision à court terme. Il donne bien entendu des éléments de contrôle de gestion, mais ne permet pas de discerner les informations qui sont essentielles pour l'avenir. Ce système fonctionne à partir d'éléments déjà mesurés et donne donc des données parfois tardives. Les tableaux de bord doivent permettre de connaître en permanence et le plus rapidement possible, les informations indispensables pour le contrôle de l'entreprise. Bien entendu certaines données proviennent du système comptable, mais répondent à des besoins différents.

Les tableaux de bord en ressources humaines servent essentiellement à analyser les données concernant la paye et le système de rémunération et des données telles que :

- Analyse des départs par société par mois et par catégorie de salariés.
- Absentéisme maladie de courte durée par mois, et par service.
- Coût de l'Absentéisme.
- Coût salarial mensuel.
- Évolution des soldes congés payés et Réduction du temps de travail.
- Décompte des heures travaillées par service pour calcul du budget.
- Motif de recours à des CDD (Contrat à Durée Déterminée), remplacement, surcroit, saison, attente CDI (Contrat à Durée Indéterminée), attentes de suppression de poste.
- Analyse des effectifs mensuels par catégorie de salariés (Cadres, agent de maitrise et employés CDD ou CDI).

Les écarts, ratios et graphiques

On peut regrouper les outils en écarts, ratios et graphiques sans pour autant être submergés de trop d'indicateurs, il faudra retenir les plus pertinents.

- Les écarts : L'analyse des écarts permettra de comprendre les éventuels dysfonctionnements et de prendre les bonnes décisions.
- Les ratios : Ce sont des rapports entre des grandeurs significatives qui permettent d'effectuer des comparaisons dans le temps et de présenter des

chiffres simples, ils sont comparables à des normes et peuvent être suivis dans le temps. Il en existe des fonctionnels, orientés vers le court terme et des structurels, orientés vers le moyen et long terme. On en utilisera toujours plusieurs, mais uniquement ceux qui concernent les points clés des entreprises.

• Les graphiques : Ils permettent de visualiser facilement les évolutions et de mieux appréhender les tendances.

Ce sont plutôt les tableaux de bord à fréquence annuelle qui vont concerner les niveaux stratégiques et la DRH afin de pouvoir faire des prévisionnels à long terme.

• Chaque constat permettra de faire des préconisations.
• Chaque indicateur permettra de prendre les décisions qui s'imposent.
• Ceux-ci devront bien entendu être adaptés aux besoins de l'entreprise.

Les indicateurs

Le tableau suivant vous donnera quelques indicateurs

ainsi que leur mode de calcul.

▌ Quelques indicateurs et leur mode de calcul

Mobilité	
Indicateurs	**Modes de calculs**
Taux d'entrées	= Nombre d'entrées / Nombre d'agents
Taux de sorties	= Nombre de sorties / Nombre d'agents
Ratio de remplacement	= Nombre d'arrivées / Nombre de départs
Turn-over	= (Entrées + sorties) / Effectif

Intégration	
Indicateurs	**Modes de calculs**
Taux de départs	= Nombre de départs sur l'année / Nombre moyen d'agents
Taux des départs volontaires	= Nombre de de démissions, mutations, détachements sur l'année / Nombre de départs
Taux des prorogations de stage	= Nombre des prorogations de stage / Total des mises en stages

Liés à l'emploi	
Indicateurs	**Modes de calculs**
Taux d'ancienneté dans l'organisation	= Nombre d'agents ayant moins de X ans dans la collectivité / Effectif moyen *

*Lorsque X= 5 ans : un ratio normal doit être compris entre 0.1 et 0.2.

En dessous de 0.1 : il s'agit d'un manque de renouvellement du personnel.

Au-delà de 0.2 : c'est une expérience collective qui risque de manquer.

Liés au risque professionnel	
Indicateurs	**Modes de calculs**
Taux de fréquences des accidents du travail	= Nombre d'accidents de travail avec arrêt x 106 / Nombre d'heures travaillées*

*Ce taux exprime pour un million d'heures travaillées.

Le bilan social

Il peut être établi à partir des indicateurs suivants :

Emploi Répartition par sexe et tranche d'âge CDI Saisonniers et CDD
Pyramide des âges et des anciennetés.
Répartition des départs par motifs
Rémunération et charges accessoires
Conditions d'hygiène et de sécurité
Taux de gravité des accidents du travail, nombre de jours d'absence par millions d'heures travaillées.
Maladie professionnelle
Autres conditions de travail
Durée et aménagement du temps de travail
Relations professionnelles
Représentants du personnel
Information et communication
Autres conditions relevant de la vie de l'entreprise
Œuvres sociales
Autres charges sociales

▊ Les indicateurs de développement social

Parmi ces indicateurs en matière de performance sociale, il faudra particulièrement analyser :

L'effectif permanent.

Nombre de recrutements en CDI.

Nombre de recrutement en CDD.

Nombre de recrutements saisonniers à rajouter aux CDD.

Nombre de licenciements économiques.

Nombre de licenciements pour autre cause.

Création nette d'emplois CDI.

Durée moyenne du travail hebdomadaire des salariés à temps partiel.

Pourcentage des salariés à temps partiel.

Quota d'employés handicapés.

Égalité professionnelle hommes femmes (accords dans l'entreprise).

Accompagnement des séniors (accords dans l'entreprise).

Taux de fréquence des accidents du travail et analyse des causes.

Nombre de salariés formés à la sécurité dans l'année.

Absentéisme (chiffres dans les tableaux de bord) : Ce taux est intéressant à analyser pour appréhender une éventuelle insatisfaction ou souffrance au travail.

▤ Des indicateurs de promotion sociale

Notamment des indicateurs de mobilité et de formation seront nécessaires :

Nombre de salariés promus dans l'année

Taux de promotion interne (notamment pourcentage de cadres).

Indicateurs de mobilité : L'analyse du Turn-over (notamment celui des cadres) permet de comprendre le niveau de satisfaction des agents quant à leur évolution de carrière.

Un pourcentage élevé de cet indicateur peut à lui seul justifier une étude approfondie du management et de la gestion des carrières et permettre de diagnostiquer d'éventuels dysfonctionnements.

Indicateurs de formation : Nombre moyen d'heures de formation par salarié.

Taux de départ en formation par catégorie : Nombre d'agents par catégorie partis en formation en cours d'année sur effectif de la catégorie hiérarchique.

Taux de participation à la formation : Montant des dépenses consacrées à la formation sur masse salariale.

Taux de formation par métier : Nombre de jours de formation par métier sur nombre d'agents occupant ce métier.

Indicateurs d'intégration.

Taux de départ volontaire : Nombre de démissions, mutations détachements sur l'année sur nombre de départs. Il peut également mesurer le taux d'insatisfaction.

▌ Le plan de formation triennal

Formidable facteur de motivation il faut le considérer comme un investissement et non comme une dépense. Il doit être élaboré à partir des entretiens de progrès. C'est alors qu'il prend tout son sens. Il a en effet pour fonction de s'assurer des besoins et attentes des personnes. Il pilote et organise les droits en matière de formation. Il est généralement prévu dans les conventions collectives, mais parfois les PME utilisent un plan de formation annuel, car ils manquent de lisibilité quant à leurs objectifs futurs. Ils acceptent parfois de mettre l'accent sur la formation en dépassant annuellement le budget alloué, mais s'il est mal piloté il devient inopérant pour favoriser le développement des compétences et coûte très cher inutilement. Il est trop souvent élaboré par la responsable de formation à la DRH sur consultation des managers. Or il devrait l'être par les managers. Eux seuls, en effet sont susceptibles de récolter les informations auprès de l'ensemble des employés. Les formations obligatoires sont évidemment à privilégier.

Elles sont de type :
- Sécurité incendie pour l'ensemble du personnel.
- Risques psychosociaux, risques professionnels.
- Hygiène et sécurité
- prévention des risques liés à l'activité physique (PRAPS).
- Logiciels de gestion.

Le service formation ne peut prendre en compte les demandes individuelles, car elles ne remontent pas forcément à la DRH. Ce sont clairement les entretiens annuels et/ou professionnels qui doivent servir à l'élaboration de ces plans. Les managers devront donc être formés pour les réaliser. Le service formation coordonnera les actions et prévoira les budgets et les priorités. Parfois ces services, conscients de n'avoir pas de remontées des demandes individuelles pallient à cette situation en proposant un catalogue de formation afin de les favoriser. Il s'agit souvent de contenus qui peuvent être réalisées en groupe et en intra entreprise.

Non seulement on ne répond pas aux besoins des salariés, mais cela coute cher. Cela induit souvent des coûts excessifs (Perte de temps, location de voiture, hébergement alors que les formations peuvent être faites par des organismes de formation de la place et à des coûts pédagogiques moindres). Leur travail consiste aussi dans l'ingénierie de contenu adapté à nos besoins. N'hésitez pas à les faire travailler.

GPEC

L'APPROCHE INDIVIDUELLE ET LA MÉTHODOLOGIE QUALITATIVE

GPEC

L'Analyse qualitative collective

Il sera nécessaire de prévoir l'analyse qualitative des métiers, postes et fonctions. La méthodologie devra être donnée par la DRH. L'analyse des métiers et des emplois se fera à travers la recherche d'adéquation entre les besoins et les ressources.

Elle est établie à partir des outils suivants :
- Cartographie des emplois permettant de voir les filières, les métiers et les passerelles entre les métiers pour favoriser la mobilité professionnelle. Elle donne les familles professionnelles, les métiers et les emplois.
- Référentiel Métier et compétences sous forme de fiche emploi et compétences. Il permettra l'évaluation de 3 types de compétences :
- Les compétences stratégiques : attitude service, engagement dans la sécurité, dans la qualité, culture du résultat, innovation, éthique.
- Les compétences personnelles et comportementales : elles mettent en avant les relations avec les autres : maîtrise de soi, communication, esprit d'équipe, etc.

- Les compétences métiers : sont définies par le référentiel s'il existe ou par des groupes de travail composés de collaborateurs exerçant le métier à tous les niveaux de la hiérarchie pour construire les fiches de fonction ou de poste.
- Le référentiel métier sert de référence en termes d'activités à exercer et compétences à mobiliser. Il permet également d'analyser plus finement les postes de travail.
- En effet la notion de métier est collective alors que le poste est une notion individuelle qualitative pour l'analyse de la compétence individuelle.
- Des observatoires favoriseront l'appropriation progressive du processus.

Voici un exemple de tableau des documents à rechercher ou à construire dans le cadre de l'analyse de l'existant.

Tableau d'analyse de l'existant (Liste d'outils supports pour la GPEC)

Existant	Construire	Vérifier	Valider	Quand Qui Comment
Accords GPEC				
Egalité				
Sénior				
RPS				
Référentiel Métier				
Cartographie des emplois				
Plan de formation pluri-annuel				
Entretiens annuels				
Grilles d'entretiens annuels				
Bilans social				
Indicateurs quantitatifs				
Indicateurs qualitatif				
Indicateur de performance sociale				
Livret d'accueil				
Enquête de satisfaction				

L'Analyse qualitative individuelle

Elle se basera sur la compétence individuelle, c'est-à-dire, l'ensemble des ressources personnelles, connaissances générales et professionnelles, capacités à agir et comportementales mobilisées par les individus. On les « qualifiera » sur leurs qualités professionnelles acquises et mobilisées dans différentes situations (Notions de poly- compétence et de mobilité professionnelle). Les outils de base sont les entretiens de progrès ou entretiens annuels.

Entretiens annuels

▤ Au niveau individuel

L'entretien annuel est le meilleur outil d'évaluation des compétences individuelles, il permet de privilégier la relation managers employés par un moment d'échange et d'écoute de la demande individuelle, mais ce n'est que le premier objectif. L'essentiel est vraiment la gestion de la carrière et des compétences individuelles des agents afin de favoriser l'évolution et donc la motivation individuelle et ainsi augmenter la performance collective. L'ensemble du personnel rencontre le supérieur hiérarchique direct: N+1. À l'issue de l'entretien, une formation individualisée peut être proposée, mais aussi la prise en compte du projet professionnel et de mobilité (Gestion des carrières). Les plans de formation devront prendre en compte les demandes individuelles et notamment des propositions de formations adaptées aux besoins de professionnalisation et de perfectionnement des individus (par exemple la Validation des Acquis de l'Expérience). Il peut y avoir par exemple trois grilles d'entretien distinctes, une pour chaque catégorie de salarié (cadre, agent de maitrise et employé). Ce document permet une évaluation des compétences, savoir, savoir-faire et savoir-être par exemple sur une échelle de 4 niveaux utilisés pour l'évaluation de chaque compétence (on ne demandera pas le même niveau à un ancien présent depuis 20 ans au sein du groupe qu'a un jeune fraîchement arrivé dans la société.)

L'échelle de niveaux utilisée pour cette évaluation est la suivante :
- **Niveau 1** : Faible niveau de performance.
- **Niveau 2** : Performance moyenne.
- **Niveau 3** : Bon niveau de performance.

- **Niveau 4** : Excellent niveau de performance.

Il accorde également une grande place au projet individuel et aux projets de mobilité sur lesquels le salarié peut s'exprimer librement. Bien entendu les grilles sont accompagnées du guide méthodologique. Les managers ont souvent des attentes fortes dans ce domaine, car ils mesurent pleinement l'importance de cet outil, toutefois ils ne sont pas toujours informés que ceux-ci entrent dans une démarche globale de GPEC sans laquelle ils perdent tout leur sens.

▌ Méthodologie de mise en œuvre

La DRH devra communiquer largement au préalable sur les objectifs de l'entretien de progrès. Pour évaluer des compétences, il faut au préalable mettre en place un système de management prenant en compte la compétence individuelle et une gestion personnalisée des agents. Un temps et un lieu adaptés et organisés seront à prévoir afin que celui-ci se passe dans les meilleures conditions pour :

- trouver un consensus sur la grille de compétences recensées
- utiliser les constats sur les compétences pour proposer des perfectionnements adaptés aux déficits

constatés
- élaborer à partir de ces informations le parcours de formation individuelle préconisée, les projets personnels et professionnels et les projets de mobilité.

La synthèse de l'entretien se fera sur une troisième grille élaborée au cours de l'entretien. Elle sera le résultat du consensus trouvé lors de l'échange. La conclusion se fait en commun avec l'accord de la personne et les objectifs personnels ou professionnels pour l'année à venir.

Les outils sont les suivants :
- Guide de l'entretien annuel d'évaluation par catégorie de salariés (cadres, agents de maitrise, employés).
- Grilles d'entretiens annuels d'évaluation par catégorie de salariés.
- Ils doivent être cadrés avec une méthodologie précise et spécifique donnée par le guide de l'entretien (celui-ci se trouve en général sur l'intranet dans les grandes entreprises).

Le collaborateur disposera à l'avance du guide et de la grille et a 15 jours pour se préparer. Chacun se prépare sur sa grille, le rendez-vous est fixé, l'entretien durera entre 45 minutes et une heure par collaborateur. Les données devront ensuite être traitées à la DRH, par exemple à partir d'un code d'entrée permettant d'accéder à des SIRH[2] ou des logiciels traitant les données des entretiens.

▌ Recommandations pour vos entretiens d'appréciation

- Se mettre d'accord sur une date à l'avance
- Posez des questions du type : « Ou vous voyez-vous à court terme, à long terme, comment pensez-vous pouvoir exploiter vos points forts ? Quelles sont selon vous vos compétences pour le poste que vous occupez ou celles que vous pourriez développer à l'avenir ? »
- La perspective d'évolution est en effet importante pour se motiver en se projetant dans l'entreprise.
- L'évolution de carrière doit en effet prendre environ 30 % de l'entretien.
- Indiquez les étapes à suivre, les mobilités possibles, géographiques ou fonctionnelles.
- Fixez, pour l'année suivante, des objectifs qui soient accessibles.
- Essayer d'être précis quant aux délais.
- Accorder suffisamment de temps à l'évaluation.

- Éviter d'être pressé.
- Laisser un temps de préparation.
- Laisser le salarié parler en premier.
- Attirer l'attention sur ce que la personne fait de bien.
- Demander ce qui se passe et analyser les causes des problèmes de performance.
- Donner votre soutien et exprimer votre reconnaissance.
- Écoutez attentivement et évitez les malentendus.
- Laisser au salarié du temps pour formuler ses réponses.

Les outils de développement personnel et professionnel

▤ Les outils individuels

Considérer les différents droits individuels également et les piloter afin de faire évoluer les personnes :

Droits individuels à la formation en plus du plan de formation.

Depuis la loi du 05 mars 2014, portant réforme de la formation professionnelle et modernisation sociale les employeurs ont une obligation sociale de former au lieu de l'obligation fiscale précédente qui était de payer. Ils doivent donc prévoir un budget pour la formation notamment celui qu'ils n'envoient plus aux OPCA. L'ancien DIF s'appelle actuellement le Compte personnel de formation, chaque salarié doit s'inscrire sur le site *moncompteformation.gouv.fr*, il a droit jusqu'à 180 Heures sur 8 ans à prendre à sa guise à condition que ce soit du certifiant par exemple le PCIE (passeport de compétences en informatique). VAE ou validation des acquis de l'expérience peut être utilisée dans ce cadre. Le travail est un facteur de qualification comme la formation.

Comment créer son CPF (Compte Personnel de Formation[3]) ?

1) Créez votre compte personnel de formation sur moncompteformation.gouv.fr (http://www.moncompteformation.gouv.fr/) en vous munissant de votre numéro de sécurité sociale;

2) Renseignez le solde d'heures DIF dont vous disposez;

3) Entrez le code NAF/APE de votre entreprise pour connaître le nom de l'OPCA (http://www.lecomptepersonnel-formation.com/) trouver mon opca pour mon compte formation avec le code NAF ou APE dont vous dépendez (cette information figure sur vos fiches de paie);

4) Choisissez une formation éligible et contactez l'organisme de formation pour valider ensemble le programme ou contactez un centre d'accompagnement à la VAE (http://www.iciformation.fr/vaevalidationacquisexperience.html) Pour obtenir un diplôme par la VAE ;

5) Obtenez les devis pour cette formation par l'organisme qui vous indique si elle relève de votre CPF ou du plan de formation (http://www.iciformation.fr/article52leplande-formation.html) de votre entreprise

6) Selon le cas, transmettez ce devis à votre OPCA ou à votre entreprise

COMPTE PERSONNEL DE FORMATION
FICHE EMPLOYEURS

QU'EST-CE QUE LE COMPTE PERSONNEL DE FORMATION ?

POUR LES SALARIÉS

» Un compte **individuel** et **rechargeable**
» En cas de **changement de situation professionnelle,** les heures non utilisées sont conservées.
» Un dispositif finançant des **formations qualifiantes** donnant lieu à une certification professionnelle ou à une qualification reconnue.

POUR LES EMPLOYEURS

» Un dispositif accompagnant le **développement des compétences** de vos salariés.
» Des formations de qualité répondant aux **besoins du marché de l'emploi.**
» Un dispositif prenant en charge **les frais pédagogiques,** et sous certaines conditions, **une partie de la rémunération du salarié.**

COMMENT EST-IL ALIMENTÉ ?

» **Par inscription des heures acquises au titre du DIF.**
» **Par acquisition des heures de formation** à raison de 24 heures par an jusqu'au seuil de 120 heures, puis de 12 heures jusqu'à la limite de 150 heures, pour les salariés de droit privé à temps plein.
» **Par abondements supplémentaires** dans le cadre d'un accord d'entreprise, un accord de groupe ou de branche pour les salariés à temps partiel.

COMMENT EST-IL FINANCÉ ?

Vous êtes une entreprise de moins de 10 salariés, vous ne versez pas de contribution spécifique.
Mais vos salariés peuvent utiliser leur Compte Personnel de Formation en bénéficiant des fonds mutualisés de l'OPCA.
Vous êtes une entreprise de 10 salariés et plus, vous devez consacrer 0,2%
de votre masse salariale au Compte Personnel de Formation. Deux possibilités :

» **Verser le 0,2% à votre OPCA** qui prend en charge les frais de formation des salariés, et assure la gestion administrative.
» **Garder la gestion en interne par accord d'entreprise** et prendre en charge les frais de formation de vos salariés.

COMMENT S'INSCRIT-IL DANS VOTRE PLAN DE FORMATION ?

Le Compte Personnel de Formation ne se substitue pas aux actions qui pourraient être menées dans le cadre du plan de formation de votre entreprise, ni aux autres dispositifs d'accès à la formation professionnelle.
Il peut venir en complément d'une action de formation ou en adossement d'un dispositif.
Mais il peut aussi être utilisé par chaque titulaire, en mobilisant les heures en dehors du temps de travail.

Rendez-vous sur : www.moncompteformation.gouv.fr > Rubrique Employeurs

COMPTE PERSONNEL DE FORMATION
FICHE EMPLOYEURS

COMMENT PEUT-IL ÊTRE UTILISÉ ?

- À partir du site : **www.moncompteformation.gouv.fr**
- En mobilisant les heures disponibles sur le compte dans la limite de 150 h, par projet de formation.
- En accédant à une liste de formations qualifiantes élaborées par la ou les branches dont relèvent votre entreprise, et une liste interprofessionnelle.

SI LE CRÉDIT D'HEURES EST INSUFFISANT POUR RÉALISER LE PROJET DE FORMATION DE VOTRE SALARIÉ, DES ABONDEMENTS COMPLÉMENTAIRES SONT POSSIBLES :

- Que vous pouvez décider en votre qualité d'employeur.
- Qui peuvent être financés par un Opca, un Opacif, la région, Pôle Emploi, l'Agefiph ou le fond de prévention pénibilité.
- Que votre salarié peut décider d'apporter.

CE QUE VOUS DEVEZ FAIRE DANS TOUS LES CAS

- Vous devez informer **avant le 31 Janvier 2015** vos salariés des droits qu'ils ont acquis au titre du **Droit Individuel de Formation (DIF)** au 31/12/2014 *(cette information peut être indiquée sur le bulletin de paie ou sur une attestation à part).*

- Si la formation se déroule en tout ou partie sur le temps de travail : votre accord est requis sur le contenu et/ou le calendrier en fonction des dispositions prévues par la loi.

- Vous devez effectuer un **entretien professionnel tous les 2 ans** avec votre salarié, qui portera sur le développement de ses compétences.

- Vous devez consulter le comité d'entreprise sur le bilan « Compte Personnel de Formation. »

CE QU'IL VOUS EST ÉGALEMENT POSSIBLE DE FAIRE

- Vous pouvez **orienter vos salariés** vers **un Conseil en Évolution Professionnelle** qui leur permettra de construire leur projet.

- Vous pouvez **abonder le projet de formation** de vos salariés si les heures acquises sont insuffisantes.

Période de professionnalisation.

Pour la période de professionnalisation, il s'agira de formation permettant au salarié de se professionnaliser, cela doit également être du certifiant et durer minimum 70 heures. Ces deux droits sont financés par un OPCA. (par exemple OPCALIA).

Des périodes de professionnalisation qualifiantes sont également prévues :

Les formations suivies dans le cadre des périodes de professionnalisation peuvent être comme actuellement les formations qualifiantes mentionnées à l'article L 6314.1 du Code du travail, c'est-à-dire soit enregistrée dans le répertoire national des certifications professionnelles soient reconnues dans les classifications d'une convention collective nationale, soit ouvrant droit à des CQP (certificats de qualification professionnelle) ou des CCP (Certificat de Compétence Professionnelle).

Le congé individuel de formation

Le CIF droit individuel d'environ 1800 Heures permet de partir un an faire la formation que l'on souhaite, l'employeur ne peut pas le refuser, il peut seulement différer une fois. Ce droit est financé par un OPACIF (par exemple le FONGECIF) . Il peut être précédé par un congé de bilan de compétence qui dure 24h afin de permettre à la personne de valider son projet. Le bilan de compétences est une démarche personnelle et individuelle qu'on peut faire sans l'accord de l'employeur.

L'outplacement

C'est un outil de conseil RH réalisé généralement à l'externe. Il permet d'aider le salarié à se positionner en dehors de l'entreprise. Le reclassement dure entre 9 et 12 mois. Souvent utilisé pour les cadres, il minimise les coûts de transaction de départ et renvoie une image positive de l'entreprise à ceux qui restent.

L'entretien professionnel

Pour prendre en compte les attentes et besoins individuels en matière de formation et d'évolution la loi du 05 mars 2014 (Loi 2014 - 288 portant réforme de la formation professionnelle de l'emploi et de la démocratie sociale) prévoit des entretiens professionnels tous les deux ans pour tous les salariés. Leur objectif est de recueillir les besoins individuels et ensuite les prendre en compte dans le plan de formation.

Les entreprises de toutes tailles ont besoin de se professionnaliser en matière d'accompagnement de leurs salariés dans la prise en compte de leurs demandes individuelles de formation au regard des nouvelles dispositions de cette loi, mais aussi de manière plus générale dans tout ce qui est accompagnement à leur évolution professionnelle. En effet, la loi prévoit :

<u>Un entretien professionnel encadré.</u>

- À l'occasion de son embauche, le salarié sera informé du fait qu'il bénéficie d'un entretien professionnel consacré à ses perspectives d'évolution professionnelles en termes de qualification et d'emploi. (Code du travail article L6315-1, I).
- Cet entretien est distinct de l'entretien annuel d'évaluation et doit donc être proposé en plus de celui-ci. Il doit donner lieu à un document écrit dont une copie est remise au salarié.
- Il doit être proposé de manière systématique aux salariés ayant été absents de l'entreprise (mandat syndical, maternité, congé sabbatique, congé parental d'éducation ou autres)
- Il remplace d'autres entretiens prévus par le Code du travail et notamment l'entretien qui était prévu en seconde partie de carrière à l'article L6321-1.
- Tous les 6 ans, cet entretien fait un état des lieux récapitulatif du parcours professionnel du salarié, il donne alors lieu à la rédaction d'un document dont l'objectif est de vérifier que le salarié a bénéficié au cours des 6 dernières années d'entretiens

professionnels permettant d'apprécier / s'il a suivi une action de formation, des éléments de certification par la formation (tels que la VAE), bénéficié d'une progression salariale et professionnelle.

* Dans les entreprises d'au moins 50 salariés, si un salarié n'a pas bénéficié des entretiens et d'au moins deux des trois mesures mentionnées, 100 heures de formation supplémentaires seront inscrites à son compte formation et 130 heures si le salarié est à temps partiel.

L'entreprise devra alors verser à l'OPCA dans des conditions fixées par décret une somme forfaitaire. Des contrôles seront également faits par la Direction du travail et donneront lieu à des pénalités.

Contrairement aux entretiens annuels d'évaluation qui doivent être réalisés par le supérieur hiérarchique, car il connaît le métier de son collaborateur, les entretiens professionnels peuvent être réalisés plutôt par un professionnel de la formation et de l'orientation. Cela permettra de faire des préconisations précises en matière de qui fait quoi en formation et de proposer la formation la plus adaptée à la fois aux besoins de l'entreprise et aux besoins du salarié. Notons que ces entretiens rentrent tout à fait dans le cadre d'une démarche GPEC et ont pour effet de **prévenir les risques psychosociaux, mesurer la satisfaction au travail et de ce fait accompagner dans la gestion des conflits éventuels et le bien-être au travail.**

Vous trouverez ci-dessous un exemple de guide ainsi que des grilles d'entretiens professionnels. Ils doivent être utilisés de la manière suivante, donner aux salariés ces documents 15 jours avant la date de l'entretien. Le guide permet de connaitre le cadre de cet entretien et de savoir comment utiliser les grilles.

Bien entendu il ne s'agit que d'un exemple vous pouvez les modifier en fonction de vos besoins.

GUIDE D'ENTRETIEN PROFESSIONNEL

CARACTÉRISTIQUES :
Intitulé : Guide de l'entretien professionnel
Type de document : Guide
Chapitre : Formation
Modalité : GRH
Année / Mois création : 03/16
Année / Mois mise à jour :
Version : 1

OBJET :
Ce guide définit les modalités de passation des entretiens professionnels. Il est à l'usage des managers et des salariés.

DOMAINE D'APPLICATION :
Il s'applique dans le cadre de la loi portant réforme de la formation professionnelle sociale du 05 mars 2014. À l'occasion de son embauche, le salarié sera informé du fait qu'il bénéficie d'un entretien professionnel consacré à ses perspectives d'évolutions professionnelles en termes de qualification et d'emploi (Code du travail article 6315-1,I).

LEXIQUE :

Gestion des carrières et prise en compte des demandes individuelles

PERSONNES ET SERVICES CONCERNES :

Tout le personnel .Il doit être proposé tous les deux ans à l'ensemble des salariés et de manière systématique aux salariés qui ont été absents de l'entreprise (mandat syndical, maternité, congé sabbatique, congé parental d'éducation et autre).

OBJECTIF :

Connaître la procédure et les supports méthodologiques des entretiens professionnels. Il s'agit d'un moment privilégié dans le management individuel permettant :

* De faire le point sur l'année écoulée
* Connaître les attentes des salariés en matière d'évolution professionnelle et notamment des demandes de formations individuelles.

SUPPORT :

Il comprend : La grille d'entretien professionnel. Pour l'employé, le document grille d'entretien individuel doit lui être remis 15 Jours avant l'entretien afin qu'il puisse s'y préparer ; simultanément la date de l'entretien lui sera communiquée. Celui-ci aura lieu ensuite avec un consultant ou un manager pour recueillir les attentes et les besoins individuels et finaliser une grille qui sera signée par les deux parties à l'issue de l'entretien.

MÉTHODE :
Afin que l'entretien se déroule dans de bonnes conditions, vous devez vous rendre disponible et faire en sorte de ne pas être dérangé durant son déroulement

L'entretien se déroule en deux étapes :
*   L'employé commente sa fiche de préparation à l'entretien qu'il ou elle aura remplie s'il ou elle le souhaite avant l'entretien.
*   Au cours de l'entretien, vous définissez ensemble les axes de progrès pour l'avenir et les actions de formation envisagées dans le cadre des différents droits (compte personnel de formation, période de professionnalisation, congé individuel de formation, plan de formation).

Quand vous remettrez à l'employé le guide et la grille, pensez à lui expliquer comment utiliser ce document. Ceci est indispensable à créer les conditions propices à un échange constructif. Après signature un exemplaire sera remis à l'employé et un autre sera tenu à disposition du responsable des ressources humaines ou chef d'entreprise.

Préparation à l'entretien professionnel
L'Entretien individuel est un des moments privilégiés d'échanges entre le salarié et son manager. Le dialogue qui s'instaure à cette occasion répond à trois objectifs :

- échanger
  - resituer l'action de chacun dans un contexte plus large, celui du métier et de l'entreprise, mais aussi dans la spécificité du poste occupé
  - communiquer sur les opportunités (internes ou externes) et réfléchir à l'évolution professionnelle de chacun
- orienter
  - Proposer une évolution professionnelle, un parcours de professionnalisation, un développement sur l'activité exercée, une mobilité...ou bien prendre en compte les demandes individuelles de formation
- accompagner
  - anticiper et préparer les évolutions professionnelles et personnelles de l'ensemble des salariés,

Développement des compétences individuelles :

Il s'agit de :

- définir les actions de développement de compétences souhaitées par le salarié et conseillées par le manager
- Identifier des actions de formation éventuelles à conduire en lien avec les besoins et/ou les aspirations professionnelles et personnelles des collaborateurs
- Faire un état des lieux récapitulatif du parcours professionnel du salarié et rédaction tous les 6 ans d'un document permettant de vérifier s'il a suivi des actions de formation, des éléments de certification par la formation
- Vérifier si la personne a bénéficié d'une progression salariale et professionnelle.

DATE :

Vous allez prochainement avoir un entretien professionnel. Cet entretien vous permet :

- De faire le point ensemble sur l'année écoulée
- De faire part de vos remarques et aspirations
- De proposer et prévoir vos demandes de formations pour l'avenir

Afin de prendre connaissance du document, vous pouvez le remplir avant l'entretien

DÉFINITION DES ACTIONS DE FORMATION :

L'intérêt essentiel de l'entretien est de pouvoir élaborer un plan de formation pluri annuel permettant de manière anticipatrice de prendre en compte les besoins et attentes de formation individuels afin de définir des axes de développement et engager des actions concrètes pour faire évoluer le salarié. L'accession aux filières qualifiantes devra être privilégiée notamment dans le cadre du compte personnel de formation et des périodes de professionnalisation, sachant que le système des filières qualifiantes conduit à court terme à une promotion et que les formations sont entièrement financées par les OPCA.

GRILLE D'ENTRETIEN PROFESSIONNEL

CARACTÉRISTIQUES :
Date de réalisation de l'entretien :
Date de réalisation du précédent entretien :
Période évaluée :
Site :

entre M :
classification :
service :

et son manager M :

DESCRIPTION DU POSTE :
Intitulé du poste :
Emploi :
Dates de prise du poste :
Missions et activités principales :

APPRÉCIATION D'ENSEMBLE DANS LA PERFORMANCE DU POSTE ACTUEL :
(Évaluée au cours de l'entretien de progrès)

DEMANDES DE FORMATIONS :

Formation demandée dans le cadre du congé personnel de formation (180 heures sur 8 ans) :
Nombre d'heures prises les années précédentes :
Nombre d'heures demandées sur deux ans (années en cours et année +1) :

Formations demandées sur la période de professionnalisation :

Formations demandées en congé de formation :

Formations proposées par le manager :

Autres actions de développement (stage, tutorat ...) :

PROJET PROFESSIONNEL, ÉVOLUTION ENVISAGÉE / MOBILITÉ INTERNE :
☐ oui dans l'année ou dans les deux ans
☐ non

Domaine d'activité (métier, fonction, entité) :

Zone géographique (région, pays en cas de mobilité internationale...) :

Salariés à temps partiel : souhaitez-vous une

augmentation du temps de travail ?

☐ oui ☐ non

Sur quel poste :

Lister les compétences autres ou transférables :

Autres évolutions envisagées (y compris développement sur le poste actuel ou mobilité externe) :

ÉVOLUTION :

Satisfaction pour le poste :

☐   recul

☐   sans changement

☐   quelques progrès

☐   progrès importants

Êtes-vous satisfait sur votre poste, par rapport à vos conditions de travail ?

Êtes-vous satisfait par rapport au contenu de vos taches ?

Êtes-vous satisfait par rapport à vos attentes d'évolution ?

Êtes -vous satisfait par rapport à l'ambiance de travail ?

Commentaires :

ORIENTATION PROFESSIONNELLE :
L'intéressé est-il bien à sa place dans le poste qu'il occupe ?

Serait-il qualifié pour d'autres travaux, lesquels et pourquoi ?

POTENTIEL :
Potentiel d'évolution (initiative, sens des responsabilités, ténacité, esprit d'équipe) :

Potentiel de promotion (l'intéressé a-t-il des connaissances correspondant à des fonctions supérieures à celles qu'il occupe ou peut-il les acquérir ?)
Est-il qualifié pour une promotion ?
Si oui à quel poste ?
Dans quel délai ?

COMMENTAIRES ÉVENTUELS DU SALARIÉ :

COMMENTAIRES ÉVENTUELS DU MANAGER :

DATES ET SIGNATURES :
Le salarié   Le manager

▣ Quelques astuces

- Interroger lors des entretiens annuels tous les salariés sur leurs attentes en formation.
- Faire émerger à la fois les demandes individuelles, mais aussi les projets professionnels et de mobilité.
- La consigne est donnée à tous par la direction d'exprimer leurs souhaits en la matière.
- Répertorier les demandes et analyser leur nature.
- Les trier en fonction du budget et des priorités de l'entreprise.
- Rédiger un cahier des charges spécifiant les besoins.
- Rencontrer les organismes de formation sur place pour vérifier l'adéquation des contenus.
- Privilégier les évaluations de niveau (gratuites) pour l'élaboration de contenus individuels adaptés.
- Les mettre en concurrence, négocier les tarifs et les disponibilités (notamment ne pas faire que de l'intra, mais aussi de l'inter entreprise).
- Une base de données des formations disponibles avec contenus pédagogiques et devis adaptées sera élaborée à la demande des managers par chacun des organismes en réponse à l'appel d'offres.
- Une fois les organismes recensés et contactés, l'information et les documents devraient être diffusés

par le service formation aux managers. Ils devront alors eux-mêmes les mettre à disposition des salariés.

• Le responsable de chaque structure doit élaborer son plan de formation, cela fait désormais partie de sa fonction de management.

• Il doit avoir connaissance des droits individuels de ses salariés et de son budget de formation annuel tant pour le plan de formation que pour le budget de sa structure.

Pour un manager :

Participer au plan de formation, par exemple, prendra au manager (en volume d'heures) environ 3j/an. Ceci entre le recueil des données, la rencontre des collaborateurs et le contact avec les organismes de formation, mais ce n'est rien au prorata du bénéfice pour les personnes et pour la productivité de l'entreprise. En fait c'est très peu pour une action de management majeure de professionnalisation des personnes, leur évolution et donc leur motivation, source essentielle de productivité. Notons que les grèves sont souvent liées à l'absence ou l'insuffisance de reconnaissance à travers la formation et l'évolution. Une fois que les managers maitriseront les droits et dispositifs en la matière, ils pourront prioriser, chiffrer et valider eux-mêmes les projets avant de le présenter au service formation.

Nous préconisons aux managers de participer au CPF et à la période de professionnalisation, car ces droits sont entièrement financés par les OPCA. Et, cela permet aux entreprises de récupérer leurs investissements.

Pour le service formation (quand il existe) :

Il s'agira surtout de piloter et coordonner les opérations, gérer les coûts et les offres de formation notamment régionales ainsi que solliciter les organismes sur les dispositifs d'accompagnement à la validation des acquis, évaluations et certifications de compétences. Par exemple avant de rentrer en formation bureautique, la personne concernée va passer, sur son temps libre une évaluation pour que l'organisme de formation adapte le contenu à ses besoins. Ensuite un devis et un contenu individualisé lui pourront être proposés.

Ceci est pertinent pour toutes les formations, mais particulièrement pour certaines telles que :

- la bureautique (quel logiciel doit-on perfectionner ? quel est le niveau de maitrise ?),
- L'hygiène et la sécurité : (quelles durées et quel contenu en fonction de ce qui est acquis ?)
- les langues.

Enfin tout ce qu'il est essentiel de maitriser sur les postes de travail.

L'Inter entreprise sera à privilégier, car elle offre une plus grande flexibilité dans la programmation et favorise ainsi une gestion individualisée de la formation des agents. Il ne sera plus nécessaire d'attendre de constituer des groupes, car les personnes pourront se greffer individuellement sur des formations indépendantes de l'entreprise. Une fois que toutes les formations dispensées par les organismes locaux seront recensées, cette information pourra être communiquée et laissée à disposition des managers et du personnel.

Le service formation fera vivre le dispositif, assurera le suivi et établira les critères de choix en collaboration avec les managers selon les indicateurs suivants :
- La pertinence (Atteinte des objectifs escomptés)
- Le respect des conventions et/ou du cahier des charges (Conformité)
- La cohérence (Adéquation entre les formations et les objectifs)
- L'opportunité (le choix du moment)
- L'efficience (Rapport entre le cout et l'efficacité)

- L'efficacité (Estimation des effets prévus et des résultats obtenus

Un système de pilotage de la formation et de procédures permettra d'atteindre les objectifs d'évolution de la compétence collective et individuelle. Il assurera essentiellement l'information des salariés.la gestion des effectifs et la comptabilisation des dépenses.

Le recrutement interne et externe

Pour ne pas impacter le plan de formation, les solutions de formation peuvent être trouvées dans le cadre du recrutement. Celui-ci doit également être anticipé alors qu'il se fait souvent dans l'urgence aussi bien à l'interne qu'à l'externe. Il doit être mis en œuvre sur une analyse précise des compétences individuelles par rapport aux fiches de poste et aux fiches métiers. À noter : À partir d'un référentiel métiers, tout recrutement doit être effectué à partir de la définition du profil du poste, et d'une mise au point de méthodes et procédures de recrutement.

▤ A l'externe

Les prévisions de recrutement devront viser la professionnalisation au regard des exigences du référentiel métier. En l'absence de procédure adéquate ou en situation d'urgence, les salariés sont parfois embauchés sans exigence de qualification ou formation professionnelle préalable. Les formations se font alors sur le tas, mobilisant fortement les managers surtout pour l'embauche de CDD. C'est un investissement important pour l'entreprise sur des personnes qui ne resteront pas, donc cher et peu opérant tant sur le plan qualitatif que financier. Dans le cadre de la GPEC, l'anticipation des besoins et la prévision permettra : de ne plus embaucher dans l'urgence, de mieux mesurer la nécessité de remplacement ou de renfort, tout en exigeant au préalable les compétences inhérentes au poste.

Un dispositif de formation sur des prestations de qualification pour les demandeurs d'emploi serait envisageable. Il serait préalable à l'embauche et pourrait être négocié en partenariat avec la Chambre de commerce ou et les services publics de formation de droit commun. Ceux-ci ont en effet pour mission d'adapter l'appareil de formation aux besoins des entreprises et des métiers recherchés. A minima au lieu de faire de dispositifs longs pour trouver de la main-d'œuvre qualifiée, on pourrait exiger des contenus courts sur des compétences professionnelles spécifiques aux métiers ou aux postes proposés. Cela évite d'impacter le plan de formation pour des CDD puisque ces compétences sont exigées dès l'embauche, de plus cela permet d'exiger les compétences requises par le référentiel. Les demandeurs d'emploi pressentis sur les futurs postes à embaucher sont alors en formation préalable à l'embauche.

Exemple de méthodologie applicable en France :

Avant d'embaucher des demandeurs d'emploi, si vous êtes un employeur qui recrute plusieurs personnes, vous pouvez demander à ce que les organismes d'état à votre disposition, mettent en place les formations dont vous avez besoin; en proposant par exemple une réunion avec ces organismes à savoir Pôle Emploi, AFPA et CCI pour obtenir les formations dont vous avez besoin. De même vous pouvez solliciter n'importe quel organisme de formation, non plus pour acheter sur catalogue, mais pour qu'ils mettent en place les contenus de formation adaptés à vos besoins ; l'ingénierie de formation fait partie de leur travail. Ce mode de recrutement permet non seulement d'élever considérablement le niveau de compétence des collaborateurs, mais aussi de gagner beaucoup de temps et d'argent. En effet les managers n'auront plus comme souvent à former les arrivants. Dans les entreprises qui ne sont pas dans cette démarche, ils évaluent souvent à un quart de leur temps journalier consacré à former, à montrer, expliquer le travail aux employés non qualifiés alors que chacun devrait être autonome à son poste. Exemple : Dans le cadre des embauches de main-d'œuvre non qualifiée un partenariat avec le Pôle emploi peut se développer à partir de l'évaluation des « habiletés ». Celle-ci convient pour repérer certaines capacités inhérentes aux postes recrutés et cela permet de faire face quand ce personnel ne se trouve pas en quantité suffisante. Quant aux informations sur le poste, les fiches métiers des référentiels sont précises et exigeantes en matière de compétence. La fiche de poste élaborée sur la base de la fiche métier devra être remise à l'embauche. Les appellations métiers devront être harmonisées avec celles du référentiel.

▌ A l'interne

Bien entendu le recrutement interne est à privilégier sur l'externe, car il permet la promotion et l'évolution professionnelle des salariés. Souvent les promotions sont faites essentiellement sur la base de l'ancienneté. La GPEC favorise la promotion sur la base des compétences réelles individuelles, mais également spécifiques exigées au poste de travail. Certains responsables sont parfois considérés comme des employés (employés principaux) alors que le contenu de leur poste pourrait relever du statut d'agent de maitrise, mais pour le savoir une analyse du poste seule peut le déterminer. Beaucoup d'insatisfaction et de sentiment de manque de reconnaissance viennent du fait que le contenu et les limites de chaque poste ne sont pas formalisés ni délimités précisément et aussi que les compétences individuelles ne sont pas prises en compte. Le management doit comprendre l'analyse des postes de travail ce qui est rarement le cas. Les tuteurs et managers sont souvent des « encadrants » du même métier que le salarié, mais ils ne sont pas toujours formés dans la posture de manager.

- Solution : Formation, perfectionnements, professionnalisation, analyse des postes par le N+1 et l'entretien annuel.
- Envisager les promotions sur la base des compétences mises en œuvre au poste de travail.
- Communiquer sur les postes à pourvoir, embaucher

de préférence des volontaires.

- Recruter les tuteurs sur leurs compétences à encadrer (aptitudes pédagogiques et compétences à former) en plus de leurs compétences professionnelles et sur une démarche volontaire de leur part. Cela améliorera sensiblement l'encadrement des nouveaux arrivants sur les postes.

La gestion des carrières et la mobilité

La politique de mobilité se fait parfois au coup par coup quand un poste à pourvoir existe. En l'absence d'outils d'évaluation il ne peut y avoir une politique de mobilité élaborée. L'évolution professionnelle se fait souvent sur l'avis du hiérarchique et sur les résultats dans son secteur. On utilise notamment des indicateurs de gestion tels qu'un tableau de bord d'objectifs. On regarde également l'historique des chiffres d'affaires et de climat social ainsi qu'une analyse de l'expérience. Par exemple on prendra de préférence quelqu'un qui a une expérience plus diversifiée. La GPEC va permettre d'organiser la mobilité et de la prévoir aussi bien en nombre qu'en qualité. Elle en analyse les répercussions en utilisant notamment des plans et des organigrammes de remplacement sur le plan collectif et une analyse des compétences sur le plan individuel à l'aide de référentiels métiers dont déclineront ensuite les fiches de postes.

La pyramide des âges

Les projets professionnels, de perfectionnement et de mobilité doivent être privilégiés pour les personnes qui en ont besoin. La GPEC sera particulièrement pertinente pour anticiper et prévoir le départ des séniors et donc anticiper les recrutements. À ce titre un coup d'œil sur la pyramide des âges sera un bon indicateur pour une prévision à 3 ou 5 ans.

Demandes de mobilité et d'évolution professionnelle

Les bourses de l'emploi, cartographie des métiers et ensuite fiche métiers et compétences doivent être accessibles au niveau documentaire à l'ensemble des salariés. Cela leur permet de voir les métiers existants dans l'entreprise et qui leur sont accessibles. Après avoir pris connaissance des contenus, les personnes concernées s'adresseront au supérieur hiérarchique pour faire part de leur demande, celui-ci la transmet ensuite à la DRH. Les analyses des demandes de mobilité devront dans le cadre de la GPEC être effectuées à partir de la cartographie des métiers et de la bourse d'emploi. Il appartient également aux managers en collaboration avec la DRH de gérer la mobilité, car eux seuls, sont en mesure de connaitre vraiment les compétences attendues sur le terrain pour tous les agents.

LA GPEC ET LE RISQUE PSYCHOSOCIAL

GPEC

Qu'est ce que le risque psychosocial ?

Le risque psychosocial est un risque individuel à l'intérieur d'une organisation sociale. La santé et la sécurité au travail sont devenues une préoccupation de plus en plus grande pour l'État, pour les partenaires sociaux et pour les entreprises. De plus, le contexte institutionnel encourage, voire impose des initiatives nouvelles. La loi de modernisation sociale de 2002 introduisait de nouveaux articles dans le code du travail visant le harcèlement moral (L122-49 et L 122-54) et l'extension de la Responsabilité Sociale de l'Employeur dans la prévention de la santé non seulement physique, mais également mentale des salariés. En 2007 les risques psychosociaux deviennent un thème de travail dans la lettre de mission du 01 aout 2007 adressée par le président de la République au ministre du Travail. La conférence sur les conditions de travail du 04 octobre 2007 vient souligner la nécessité de trouver des outils pour prévenir ces risques. Septembre 2008 un accord national est signé par les partenaires sociaux, cet accord n'est autre qu'une transposition en Droit Français de l'accord européen de 2004 sur le stress. Par ailleurs, la jurisprudence impacte les esprits et les textes : dans le même mois de septembre 2008, la CPAM concluait une enquête sur la mort d'un contre maître par infarctus à l'usine de Clairvoix en imputant le décès à un stress chronique, tandis qu'une même décision avait déjà été prise pour le suicide d'un technicien chez Renault en 2009. Mise en œuvre d'un indicateur national du stress et d'une obligation de négociation dans les branches les plus touchées concernant la prévention des risques psychosociaux. Les risques psychosociaux au travail représentent le deuxième problème de santé le plus courant dans l'Union européenne après les troubles musculo- squelettiques. Selon la CPAM ils seraient la cause d'un quart des arrêts maladie de 2 à 4 mois en 2004(leur cout annuel serait évalué à 3 à 4 pour cent du produit intérieur brut des pays industrialisés) sans pouvoir mesurer l'amplitude de la détresse qu'elles causent et des chutes de performance économiques. La décision de la cour d'appel de Paris du 13 /02/2012 en matière de sécurité et de conditions de travail vient de refuser un plan social parce que l'employeur n'avait pas rempli ses obligations légales en matière de prévention des risques psychosociaux ni ses obligations conventionnelles de prévention du stress au travail et notamment d'une évaluation quantitative du pourcentage de charges récupérées par les salariés qui devraient les assumer. L'accord national inter professionnel sur la compétitivité et l'emploi du 11 janvier 2013 vient encore renforcer l'information des salariés sur leur évolution ainsi que l'entreprise dans sa prise en compte de la conduite du changement.

Le principal risque est le stress professionnel.

Le stress professionnel se mesure de deux façons :
- Par l'approche subjective, qui consiste à étudier les symptômes observables dans une perspective psychologique et comportementale
- Par l'approche objective, qui porte sur les changements physiques et physiologiques chez l'individu.

De façon générale, un individu vit un stress lorsqu'il est incapable de répondre de façon adéquate aux stimuli en provenance de son environnement ou qu'il y arrive, mais au prix de l'usure prématurée de son organisme. Le stress au travail est donc le résultat de la discordance entre les aspirations d'un individu et la réalité de ses conditions de travail.

- Le stress professionnel est aussi une réaction individuelle à une situation menaçante.
- Selon cette définition, il est présent lorsque l'environnement, en raison de ses exigences excessives ou de son incapacité à fournir au travailleur les moyens de combler ses besoins, constitue une menace pour l'individu.
- Celle-ci relève dans les deux cas d'un processus cognitif (donc perceptif) et non d'une situation objective. Cela signifie que des agents stressants précis sont en cause, mais que leur intensité est perçue de façon différente par chaque travailleur.
- La réaction individuelle à des éléments anxiogènes dépend de la personnalité, des expériences de travail et de vie, ainsi que des antécédents sociaux et culturels. Le travailleur ambitieux, par exemple, considérera son emploi comme stressant s'il ne lui procure pas d'occasions d'avancement.
- Le stress professionnel est donc le résultat d'une inadéquation entre l'individu et son milieu de travail. En pareille situation, il y a deux façons d'intervenir, que ce soit à titre préventif ou curatif : en agissant sur l'individu et sur sa perception de la situation ou en modifiant le milieu de travail.

Comment la GPEC peut-elle le prévenir ?

- En permettant aux managers de percevoir le changement nécessaire dans les nouveaux modes de management.
- En appréhendant la gestion des ressources humaines sous l'angle individuel.
- En repérant les modes d'organisation pathogènes notamment avec des indicateurs qualitatifs.
- En présentant les bonnes pratiques du management
- En appréhendant ces pratiques à travers la prise en compte des besoins individuels.
- En se centrant sur les notions de valeurs, de sens, de qualité de vie au travail, de bien- être au travail qui sous-tendent la prévention des risques psychosociaux.

Vous trouverez ci-dessous plusieurs tableaux selon les indicateurs[4] de stress qui vous intéressent.

Temps de travail	
Indicateurs organisationnels entreprise	**Source de l'information**
Absentéisme	Bilan social
Durée annuelle du travail	Idem

Horaires atypiques	Bilan social et rapport annuel CHSCT

Mouvement du personnel	
Indicateurs organisationnels entreprise	**Source de l'information**
Taux de rotation	Bilan social
Soldes départ embauches	Idem
Causes de départ	Idem
Nombre de travailleurs extérieurs ou temporaires	Idem
Postes non pourvus	Idem

Activités de l'entreprise	
Indicateurs organisationnels entreprise	**Source de l'information**
Productivité	Service qualité ou production
Qualité des produits ou des services	Service qualité ou production

Relations sociales de l'entreprise	
Indicateurs organisationnels entreprise	**Source de l'information**
Représentants du personnel	Bilan social, rapport du CHSCT
Information et communication internes	Livret d'accueil du personnel, procédures
Procédures judiciaires en cours	Bilan social
Grèves	Idem

Actes de malveillance authentifiés	Compte rendu du CE, signalements
Actes de violence au travail	Registres et Signalements
Nombre de sanctions disciplinaires	Idem
Plans sociaux	Compte rendu du CE
Changement de structure de l'entreprise	Idem

Formation et rémunération	
Indicateurs organisationnels entreprise	**Source de l'information**
% de salariés dont le salaire dépend notamment du rendement individuel	Bilan social voir tous les indicateurs en formation et rémunération
% des salariés dont le salaire dépend notamment du rendement collectif	idem
Formation professionnelle	Voir tous les indicateurs notamment de réponses aux demandes individuelles

Organisation du travail	
Indicateurs organisationnels entreprise	**Source de l'information**
Gestion de la production	Directions concernés
Pauses	Idem, analyse des taches par intervenant extérieur
Contrôle du travail	Idem
Tâches interrompues	Idem

Accidents du travail	
Indicateurs organisationnels entreprise	**Source de l'information**
Fréquence et gravité des accidents du travail	Bilan social, rapport CHSCT le cas échéant Registre des accidents du travail
Accidents du travail bénins	idem
Cause des accidents	Idem (faire analyse des causes pour mesures correctives)

Maladies professionnelles	
Indicateurs organisationnels entreprise	**Source de l'information**
TMS reconnus en MP	Bilan social, médecine du travail, CHSCT
Maladies à caractère professionnel	Idem

Situations graves	
Indicateurs organisationnels entreprise	**Source de l'information**
Suicides ou tentatives sur le lieu de travail	Bilan social, médecine du travail, CHSCT
Harcèlement moral ou sexuel reconnu par la justice Violences physiques	Idem

Situations dégradées	
Indicateurs organisationnels entreprise	**Source de l'information**
Plaintes ou harcèlement	Registre des incidents
Violence verbale	idem

Stress chronique	
Indicateurs organisationnels entreprise	**Source de l'information**
Symptômes physiques/ Migraine, troubles du sommeil, digestifs, malaises	Analyse des absences et arrêts maladie et médecine du travail
Symptômes émotionnels (crise de nerfs, mal-être)	idem
Recours à des substances psycho active (médicaments, addictions)	Idem

Pathologies diagnostiquées et prises en charge	
Indicateurs organisationnels entreprise	**Source de l'information**
Hypertension	Passages à l'infirmerie le cas échéant, rapport médecines du travail
TMS	Idem
Pathologie mentale	Idem
Stress et Burn out	Idem
Inaptitudes totales ou partielles	Idem
Demandes d'aménagement de postes	Idem

GPEC

ANALYSES ET OUTILS PRATIQUES

GPEC

Les forces et faiblesses de la GPEC

Les forces :

* Aspects collectifs et individuels pris en compte.
* Le référentiel métier ou compétence permet au salarié de se situer, il sait ce qu'il doit faire pour s'améliorer, la méthode employée est relativement claire.
* Le cadre de l'ingénierie de la GPEC ayant déjà été élaboré au préalable par le groupe,
* Il suffira de familiariser les managers aux outils RH à disposition sur leur poste.

Les faiblesses :

* La communication interne dans le processus de GPEC est importante ainsi que la formation de l'encadrement.
* Il y a des étapes importantes à ne pas manquer et une méthodologie rigoureuse à adopter et à ne pas sous-estimer pour la réalisation du processus (voir la conduite du changement)
* L'impact est important sur plusieurs secteurs de la GRH et il faudra assurer la conduite et l'accompagnement de ces changements.

Les opportunités et les menaces de la GPEC

Les opportunités :

Pour l'entreprise :

- Maintenir sa compétitivité en s'adaptant aux changements
- Réduire les coûts et risques liés aux déséquilibres
- Développer les RH en harmonisant les actions (recrutement, formation)
- Optimiser le dialogue social et la gestion des carrières.
- Éviter la perte de savoir en anticipant les départs
- Renouveler la pyramide des âges.

Pour les salariés :

- Prise en compte de l'individu
- Maintien de son employabilité à travers la formation et le perfectionnement
- Améliorer et faire reconnaitre ses compétences
- Renforcer la motivation

Les menaces :

- Difficultés de prévision : L'évolution rapide de l'environnement économique rend difficiles les prévisions (Crise économique, allongement des périodes d'activité …)
- Résistance au changement de la plupart des acteurs
- Lourdeurs méthodologiques et coût.
- Coordination des différents services et acteurs / mettre l'accent sur la formation, la communication, l'information et l'accompagnement des managers (consultant externe et interne), le temps de management doit être valorisé et aménagé de façon à permettre une meilleure prise en compte des compétences individuelles.

GPEC

LES PRÉCONISATIONS

Elles peuvent être élaborées sous forme de fiches actions afin de transformer la théorie en méthodes simples pour favoriser la mise en œuvre progressive. Nous insistons sur le fait que la mise en place d'une GPEC nécessite un investissement important à tous les postes de management, gestion et pilotage. Il s'agira de mener une vraie politique de conduite du changement portée par la ligne stratégique et non pas seulement opérationnelle. Il faudra tenir compte des éventuelles résistances qui ne manqueront pas de se produire, elles sont normales et devront être considérées avec attention. L'aide d'un consultant extérieur sera nécessaire ainsi qu'un poste à la DRH dédié au recrutement interne et externe qui gèrera également les carrières et la mobilité professionnelle. Ces postes existent dans les référentiels des grandes entreprises, il s'agit soit d'un chargé de recrutement soit d'un responsable ressources humaines. À Défaut de création d'un poste, une réorganisation de la RH et une nouvelle répartition des fonctions devront prendre en compte la GPEC et en assurer la bonne marche sur le terrain. Les managers vont prendre en charge la gestion des hommes d'une façon plus large et plus approfondie (actuellement elle n'est souvent considérée qu'à hauteur de 5 % de leur activité). Ils participeront à la mise en place d'un système d'évaluation personnalisé auquel ils ne sont souvent pas préparés en tous cas sous cette forme. Une formation spécifique à la conduite des entretiens et au sens et valeur de la démarche est nécessaire pour qu'ils se l'approprient. Même s'ils adhèrent à la démarche, la DRH devra les outiller, les encourager, suivre dans le «comment faire ?», élaborer les outils, réorganiser leur charge de travail. La rédaction de procédures précises favorisera cette appropriation. Une communication importante avec concertation, participation et accompagnement des managers à la conduite de la GPEC est à prévoir pour assurer le succès du dispositif. Cette action incombera à la DRH, mais également à la direction générale (car il faut également se donner les moyens financiers de la réorganisation du travail et des responsabilités). Cela nécessitera à l'interne la création d'une commission GPEC, ainsi que la création d'un poste spécifique à la gestion des carrières et gestion personnalisée des agents à DRH pour la conception et l'analyse des outils qualitatifs et suivis et déclinaison de la démarche. Une aide logistique et méthodologique peut être apportée par le groupe, des accords existent pour favoriser la mise en œuvre. Ces documents peuvent être mis en place par des groupes de travail incluant tous les postes de la base au sommet ou par la DRH à partir de travaux participatifs. Même quand les entreprises sont encore loin d'une mise en œuvre, la conduite d'expérimentations, dans certains services ou unités, peut permettre de convertir en actions des recommandations managériales qui n'auraient été que théoriques et donc peu effectives sur le terrain quant au « comment faire ? ». En effet, si désormais les managers doivent recruter à partir des fiches métiers donnant les compétences requises ou participer à l'élaboration d'un plan de formation ou réaliser des entretiens annuels, la conduite d'une démarche GPEC constitue pour eux un véritable changement en profondeur. Un temps d'appropriation sera donc incontournable. Bouleverser ses habitudes, ses savoir-faire, ses modes de fonctionnement internes ne se fait pas en quelques mois, mais prend plusieurs années. Le processus durera entre 1 à 3 Ans selon les moyens mis en œuvre et les axes stratégiques. Néanmoins une fois la méthodologie acquise, elle peut être un gain de temps considérable, mieux employé à élever la compétence de tous et par là même la satisfaction des salariés, et ainsi la prévention du stress et autres risques psychosociaux. Certaines préconisations peuvent être mises en œuvre avant même d'avoir signé un accord GPEC, car elles permettent progressivement une analyse qualitative.

Rappel des Conditions de mise en place d'une GPEC :

Construction d'un système d'appréciation permettant d'analyser les éléments suivants :

- Compétences actuelles, entretien d'évaluations complets et à jour.
- Analyse des besoins quantitatifs et qualitatifs (connaitre notamment le niveau de formation générale ou professionnelle et autres compétences des personnes).
- Chercher l'Adéquation qualitative et quantitative (Le qualitatif c'est la gestion des compétences utilisées et non utilisées)
- Recherche de compétences, grille de compétences.
- Analyser à un instant T le rapport à la stratégie d'entreprise.
- Quantitatif c'est la pyramide des âges et indicateurs de démographie.
- Âge de départs à la retraite.
- Analyse du Turn-over par secteur d'activité et par métier.(Les cycles statistiques ou les gens restent sont 1,5 an puis 3 puis 7 puis à vie.)

- Turn-over par service révélerait un problème de management ou d'organisation.
- Anticipation des départs possibles par catégorie de salariés
- Perspectives d'emploi
- Perspectives d'encadrement
- Comparer avec les évolutions prévues par la stratégie d'entreprise
- Tutorat par rapport aux départs
- Pour l'anticipation des besoins en personnel, chaque famille professionnelle doit produire des fiches de tendance
- Lister les compétences transversales et transférables
- Établir l'ensemble en collaboration avec les salariés et les syndicats
- Favoriser la mobilité professionnelle
- Prévoir le développement individuel en se référant à la cartographie métiers
- Maintien de l'employabilité
- Détermination des formations clés permettant l'évolution des équipes
- Formation des managers à l'entretien d'évaluation et à l'analyse des compétences transversales pour analyser les possibilités d'évolution ou de poly activité.

- Communiquer sur l'ensemble du dispositif.

<u>Documents éventuels à construire ou reconstruire</u>
<u>dans le cadre de cette évolution RH</u> :

- Projet social (ou ébauche) prévoyant une gestion personnalisée des professionnels.
- Nouvel Organigramme des services et notamment du service de GRH
- Redéfinition de la politique RH
- Accord GPEC
- Procédure de mise en place de la GPEC
- Fiches de postes complétées de grille d'évaluation de la charge de travail
- Procédure de recrutement
- Plan de formations tri-annuels du personnel
- Livret d'accueil du personnel précisant notamment les droits à la formation.
- Validation des fiches actions.

Outils pratiques : Fiches actions

Nom de l'entreprise	FICHE ACTION N° GPEC	Projet ....
Intitulé de l'action : Mise en place de la GPEC.		
Objectifs : Cadrage général		
Définition de la GPEC : Conception, mise en œuvre et suivi de politiques et de plans d'actions cohérents : • visant à réduire de façon anticipée les écarts entre les besoins et les ressources humaines de l'entreprise (en termes d'effectifs et de compétences) en fonction de son plan stratégique (ou au moins d'objectifs à moyen terme bien identifiés), • et impliquant le salarié dans le cadre d'un projet d'évolution professionnelle.		

Voies d'entrée :
Sur le plan collectif au niveau des emplois cela consiste à repérer les emplois-types qui représentent, pour l'établissement et à l'horizon 3/5 ans les enjeux et les contraintes prioritaires et majeurs.

Quelques critères pour identifier les emplois types :
- emplois dont le contenu doit évoluer au point d'exiger des titulaires un autre profil professionnel à terme,
- emplois dont les effectifs seront réduits au-delà du mouvement des départs naturels,
- emplois-clés pour le développement des activités et dont les titulaires sont actuellement en nombre insuffisant,
- emplois à contenu pauvre, n'offrant pas de perspective d'enrichissement professionnel à leurs titulaires,
- emplois à caractéristiques de pénibilité élevée et provoquant avec le temps des cas significatifs d'inaptitudes,
- emplois difficiles à pourvoir sur le marché du travail.

Sur le plan qualitatif :
La voie d'entrée est le repérage des compétences professionnelles à partir des entretiens de recrutement et des entretiens professionnels au regard du référentiel Métier.

Qui :

Dates de réalisation :

Outils :
Fiche d'entretien professionnel et référentiel métier, et emplois Guide d'entretiens professionnels.

Nom de l'entreprise	FICHE ACTION N° GPEC	Projet ....

Intitulé de l'action :
Mise en place de la GPEC.

Objectifs :
Encadrer la démarche de GPEC.

Démarche :
Créer un comité de pilotage réunissant les acteurs impliqués dans la réflexion sur la GPEC et les métiers sensibles
- Élaborer un état des lieux des ressources humaines
- Déterminer les travaux à réaliser
- Mettre en place des opérations - pilotes dans des services particuliers
- Suivre les travaux
- Évaluer les réalisations

Personnes impliquées dans l'action :
Chef du Comité de pilotage GPEC : Direction des Ressources Humaines

Composition du comité de pilotage :
- Direction générale,
- DRH
- Responsable de formation
- Représentants des cadres, et agent de maitrise
- Représentants des employés.

Proposition de planification :

Année 2011 :
constituer le comité de pilotage
mettre en place des réunions bimestrielles

NOTES

[1] Le MEDEF(France) 07/2015: https://fr.wikipédia.org/wiki/Mouvement-des-entreprises-de-France

[2] SIRH: Système d'information de gestion des Ressources Humaines : http://wikipedia.org/wiki/SIRH

[3] Le compte personnel formation. Comment créer un compte personnel de formation. Consulté le 13/10/2016 sur le-compte-personnel-formation.com

[4] Source INRS tableaux adaptés de la brochure « Dépister les risques psychosociaux, des indicateurs pour vous guider ». Distribué par les caisses régionales d'assurances maladie en France.

RÉFÉRENCES BIBLIOGRAPHIQUES

Dolan S L et Guidoni M (2012) "Succès et valeurs " Les valeurs pour un bien-être personnel et professionnel ", Paris, l'Harmattan.

Gillet N et Forest J (2012): Étude sur les liens entre le mode de gestion du supérieur hiérarchique et le bien-être des salariés .Journal of business and psychology .

Gouiran M " (2010): Construire l'entreprise de demain, identité, mobilité, responsabilité sociétale et développement durable pour gagner ensemble".'Paris Ed AFNOR .

Sen A, prix Nobel (2000) : »Repenser l'inégalité » France, Seuil.

Barbier R « Management émancipant » (CIRPP 2010), l'ANACT France (Agence Nationale d'amélioration des conditions de travail) Perspective d'étude de la souffrance au travail).

Libaert T (2013, 4éme édition) : Le Plan de communication: Définir et organiser votre stratégie de communication, Paris, Dunod.

Morel P (2015) « Communication d'entreprise » France Studyrama Vocatis

Koecklin J(2015) «La communication professionnelle, les clés pour réussir » France, Les presses polytechniques et universitaires PPUR.

Gouiran M(2011) " Responsabilité sociale et Ressources humaines" France Éditions AFNOR .

Belanger M : « Essais sur l'organisation innovante à l'ére du 21 eme siècle » Laval Québec Édition «   sur un pied d'égalité .Guides de formation en créativité et innovation, outils de diagnostics et dossiers sur le management en innovation.

Mercuri Urval, (2011) Communiqué de presse, Étude européenne sur la perception du changement au travail.

Baromètre européen, IPSOS EDENRED (2012) Mesure du bien-être et de la motivation au travail .

J Marie Peretti 2009 Editions VUIBERT/ « Gestion des

ressources humaines ».

Simon L. Dolan, Adnane Belout et Martine Guidoni : «
Efficacité organisationnelle et performance sociale »
avec . Sous-titre : Les dix leviers du succès. Editions
ISTE Londres mars 2017.

Conception :

www.xavierlassus-innovation.space